कविता का गाँव
Kavita Ka Gaon

कविता का गाँव
Kavita Ka Gaon

शिव नारायण सिंह अनिवेद

SHEO NARAYAN SINGH ANIVED

अंग्रेजी अनुवाद : प्रो0 राम गोपाल बजाज, प्रो0 नीरजा मट्टू
तथा डा0 महुआ सेनगुप्ता

वाणी प्रकाशन

21-ए, दरियागंज, नयी दिल्ली-110002

फोन : 011-23273167, 23275710

फैक्स : 011-23275710

e-mail : vaniprakashan@gmail.com

website : www.vaniprakashan.com

वाणी प्रकाशन का 'लोगो'
विख्यात चित्रकार मक़बूल फ़िदा हुसेन की
कूची से

ISBN : 978-81-8143-788-4

वाणी प्रकाशन
21-ए, दरियागंज, नयी दिल्ली-110002
द्वारा प्रकाशित
प्रथम संस्करण : 2008

आवरण : वाणी प्रकाशन
निशा इण्टरप्राइसिज, चन्द्र नगर, दिल्ली-110051
द्वारा मुद्रित

मूल्य : 250.00

KAVITA KA GAON
Edited by : Sheo Narayan Singh Anived

आने वाले दिनों के लिए

"पानी बिच मीन पियासी।
मोहिं सुन सुन आवै हाँसी।।
घर में वस्तु नजर नहिं आवत
बन बन फिरत उदासी।
आतमज्ञान बिना जग झूँठा
क्या मथुरा क्या कासी।।"

कबीर

"Man's main task is to give birth to himself."

Erich Fromm

...मेरी ओर से

कहाँ तो तय था चिरागाँ हरेक घर के लिये
कहाँ चिराग मयस्सर नहीं शहर के लिये।

(दुष्यंत कुमार)

जिस समाज, देश और दुनिया में हम रहते हैं उसका प्रभाव निरंतर हमारे मनोमस्तिष्क को प्रभावित करता रहता है। पिछली शताब्दी का अंतिम दशक और इक्कीसवीं शताब्दी का पहला दशक भारतवर्ष के लिये खास मायने रखता है। एक तरफ जहाँ उदारीकरण-भूमंडलीकरण, धार्मिक कट्टरता और प्रगतिशील सरोकारों का गतिरोध खुलकर सामने आया, वहीं 'सेज़' के लिये समाप्त होते गाँव, किसानों की आत्महत्या, अमीरी और गरीबी के बीच गहरा असंतुलन तथा भारत बनाम इंडिया का तेजी से गिरता शाइनिंग ग्राफ-ऐसी परिघटनाएं रहीं जिनका हमारे समग्र सामाजिक, राजनीतिक, आर्थिक, सांस्कृतिक और राष्ट्रीय जीवन पर गहरा और दूरगामी असर पड़ा। जीवन के यथार्थ का कला और साहित्य से गहरा संबंध है। प्रशासनिक सेवा में रहने के कारण मैने सत्ता की नीयत, बिचौलियों की कूवत और निर्दोष जनता की बेचारगियों का मार्मिक अनुभव किया है। पीड़ा का दंश अक्सर ही कभी मेरी चित्रकारी में, कभी सैद्धान्तिकी में तो कभी कविता में लावा बनकर फूटता रहा...। अनुभव की खुरदरी जमीन से उगी ये कविताएं मेरा दर्द हर लेती हैं - ऐसा नहीं है, बल्कि यह पीड़ा मैं अपने गाँव, अपने समस्त देशवासियों के साथ बाँटना चाहता हूँ जो स्वयं भुक्तभोगी हैं लेकिन किन्हीं नामालूम कारणों से इसे अभिव्यक्त नहीं कर पाते ...।मानवीयता की यह भाषा साधारण बोलचाल की भाषा और शैली में अंकित की गई है। आज की विभीषिकाओं और रोजमर्रे की नयी-पुरानी घटनाओं-दुर्घटनाओं से जन-जीवन जिस प्रकार आक्रांत हो उठता है ऐसे में ये कविताएं यदि थोड़ा भी मार्ग-दर्शन कर सकीं, प्रेरित कर सकीं - इनकी सार्थकता समझूंगा।

अपनी पिछली पुस्तक 'आधुनिक भारत की द्वन्द्वकथा' में मैने भारतीय समाज की आधुनिक जटिलताओं और विशिष्टताओं की सैद्धांतिक व्याख्या देने की कोशिश की

थी। तमाम बौद्धिक वर्ग में पुस्तक की बेहद लोकप्रियता और सफलता के बावजूद यह कचोट मुझमें बनी रही कि सामाजिक-सांस्कृतिक विमर्श की जटिल भाषा और उसकी ग्राह्यता भोले-भाले आम-जन तक नहीं पहुंच सकी। 'कविता का गाँव' मन में उठनेवाले उन्हीं सवालों का प्रत्युत्तर बनकर उभरा... । इन कविताओं में क्रूर समय की विभीषिकाओं का आँखों देखा हाल तो है ही, भविष्य के ऐसे संकेत भी छुपे हैं जिसे अपनी अभिव्यक्ति की रागात्मकता और उसके बीच आ खड़ी अनुभवी समझदारी ने उत्पन्न की। निःसंदेह यह समझदारी प्रशासनिक सरोकारों ने पैदा की लेकिन उनमें रहने न रह पाने, सपने देखने न देख पाने की छटपटाहट, मुझे भी स्वयं को परखने का एक नजरिया दे गई। मेरी दृष्टि में मेरी कविताओं का जन्म इसी वेदना से हुआ।

कविताओं के अंग्रेजी रूपान्तरण के लिये मैं प्रसिद्ध रंगकर्मी प्रो0 राम गोपाल बजाज, कश्मीरी विद्वान प्रो0 नीरजा मट्टू तथा बांग्ला-कवियित्री डा0 महुआ सेनगुप्ता के प्रति आभार प्रकट करता हूँ। इन कलाकारों, विद्वानों तथा कवियों की विशिष्ट पृष्ठभूमि के कारण इस संग्रह को अखिल भारतीय स्वरूप मिल सकेगा इसमें संदेह नहीं है। मैक्लुहान की 'विश्व-ग्राम' (ग्लोबल विलेज) के रूप में नए आदर्शलोक की अवधारणा हो अथवा 'वसुधैव-कुटुम्बकम्' की हमारी परम्परा, अंग्रेजी अनुवाद के माध्यम से भारतीयता की महक पूरे विश्व में फैले, यही मेरा प्रयास है । इस कविता संग्रह में व्यक्त भावनाएं तथा विचार मेरी व्यक्तिगत अभिव्यक्तियाँ हैं। प्रस्तावना लिखने के लिये मैं हिन्दी के प्रख्यात कवि प्रो0 केदारनाथ सिंह का हृदय से आभारी हूँ तथा अपने प्रकाशक मित्र अरूण माहेश्वरी की सुरूचि का धन्यवाद करता हूँ जिनकी वजह से 'आधुनिक भारत का यह द्वन्द्व-काव्य' इस रूप में प्रकाशित हो सका। मेरे लिये अंतिम तो यही है :

वे मुतमइन हैं कि पत्थर पिघल नहीं सकता
मैं बेकरार हूँ आवाज में असर के लिये।।

शिव नारायण सिंह अनिवेद

18 जनवरी 2008
लखनऊ

कविता में जीवन का संधान

प्रो0 केदारनाथ सिंह

अनिवेद की इधर की कविताओं में एक अलग किस्म का उत्तर-आधुनिक भाव-बोध उभरता दिखायी पड़ता है, जिसमें गाँव के बरक्स शहरी जीवन की ऊपरी चमक-दमक और छद्म की आलोचनात्मक पड़ताल है तथा कहीं-कहीं उस पर करारा व्यंग्य भी - जैसे 'सर' (Sir) की संस्कृतिवाली कविता में। कुछ अन्य कविताओं में भी व्यंग्य की यह महीन धार देखी जा सकती है। 'मौन अस्तित्व' जैसी कविता में एक और नयी बात देखी जा सकती है, और उसे किसी अन्य शब्द के अभाव में एक खास तरह का अस्तित्वबोध कहा जा सकता है । पर यह अनिवेद की कविताओं का मूल स्वभाव नहीं है । वे हैं वही भीतर से कला-सजग और बाहर से विमर्श-धर्मा रचनाकार । यह विमर्शमुखी स्वर हाल की कविताओं में ज्यादा प्रखर हुआ है, जो कविता की बनावट में एक बौद्धिक तल्खी पैदा करता है। अपनी समग्रता में यह संग्रह गांव से शहर तक का सम्रग विस्तार अपने पन्नों में समेटे हुए है और यही बात इसे उल्लेखनीय बनाती है तथा अन्यों से पृथक भी।

अनिवेद, की कुछ कविताएं पहले भी देखी थीं, पर समवेत रूप में इतनी कविताओं को पढ़ने का अवसर पहली बार मिला। इन्हें पढ़कर जो पहली प्रतिक्रिया हुई वह यह कि ये एक ऐसे व्यक्तित्व से निकली हुई हैं ज़िसका अनुभव-संसार गाँव से शहर तक फैला हुआ है। यह उल्लेखनीय है कि शिव नारायण सिंह 'अनिवेद' के व्यक्तित्व के कई महत्वपूर्ण आयाम हैं । वे एक सफल प्रशासनिक अधिकारी हैं, एक चर्चित कलाकार हैं और इन दोनों के साथ-साथ एक अच्छे कवि भी हैं। यूरोप में ऐसे कलाकरों की एक श्रेणी मिलती है, जिन्होंने चित्र-रचना के साथ-साथ काव्य-लेखन के क्षेत्र में भी अच्छी-खासी ख्यति अर्जित की है। अपने यहां भी ऐसे कुछ कवियों, के नाम लिये जा सकते हैं। 'अनिवेद' की ये कविताएं उसी परम्परा को आगे बढ़ाने वाली कवितांए हैं। इन कविताओं से, गुजरते हुए ऐसा लगता है कि कवि अपने चित्रों के समानांतर एक और दुनिया रचने के संघर्ष में जुटा है, जिसकी नींव रंगों

में नहीं, भाषा के भीतर है। अभिव्यक्ति के एक माध्यम से दूसरे माध्यम में संचरण का यह रचनात्मक संघर्ष, पाठक के मन पर एक विशेष प्रकार का प्रभाव छोड़ता है और यही प्रभाव इन शब्द-सृष्टियों की प्रामाणिकता को पुष्ट करता है।

जहाँ तक इन कविताओं की बनावट का सवाल है, जो बात हमारा ध्यान सबसे पहले आकृष्ट करती है, वह यह कि ये आधुनिक मन की सहज कविताएं है। 'आधुनिक' और 'सहज' दोनों का योग जरा कम ही मिलता है और यहां दोनों की सह-स्थिति दिलचस्प है। ये निरलस और निरायास घटित होने वाली कविताएं हैं और यह निरायासता या आयासहीनता ही इन कविताओं को सबसे अधिक ग्राह्य बनाती है। इन कविताओं के रचयिता ने अपनी कला के भीतर बिना किसी अतिरक्त श्रम के संप्रेषण की समस्या को जैसे अपने लिए हल कर लिया है। यदि कोई रचना ऐसा प्रभाव छोड़ती है, तो इसे उसकी बड़ी सफलता मानना चाहिए।

मैं तलाश करता रहा कि रंगों में जीने वाले इस कलाकार की कविताओं में वे कौन से रंग हैं, जो जीवन की छवियों को उद्घाटित करते हैं। इसे रेखांकित किया जाना चाहिए कि इन कविताओं में शोख चट्ख रंग लगभग नहीं हैं और जो रंग हैं, वे आज के जीवन की गहरी उदासी और विषाद को संकेतित करने वाले रंग हैं, जैसे-नीला, भूरा, कत्थई या काला। यह रंग-बोध, जीवन के प्रति कवि के एक विशेष दृष्टिकोण को सूचित करता है। परन्तु इन कविताओं के कवि की जीवन दृष्टि के स्वरूप को एक और विशेष संदर्भ में देखा जाना चाहिए और वह है कवि का ग्राम-बोध। 'अनिवेद' ग्रामीण संदर्भ से आने वाले कवि हैं और उस संदर्भ के प्रति उनके भीतर गहरा रागात्मक झुकाव है, जो 'कविता का गांव' जैसी कविता में विशेष रूप से देखा जा सकता है। यहाँ कवि गांव का आग्रही अवश्य है, परन्तु उस सबकी कीमत पर नहीं जिसे मानव-सभ्यता ने आज तक अर्जित किया है। कवि की कुछ अन्य कविताएं इस बात की पुष्टि करती हैं।

चित्रकला और कविता में जीवन के मर्म को उकेरने वाला यह रचनाकार इस अर्थ में विलक्षण है कि वह पूरी शिद्दत से इस बात को स्वीकार करता है कि जीवन का असली मर्म स्वयं कला में नहीं, कला के उस मूल उत्स में है जहां से कला पैदा होती है। कवि का यह जीवन-राग उसका वह संबल है, जो उसके सृजन को - फिर वह रंग में हो या शब्द में - सार्थक बनाता है। "सत्यमेव जयतें" शीर्षक कविता में, कवि अपनी इस दृष्टि-भंगी को, इस रूप में प्रकट करता है :

'कविता
चित्रकला
संगीत में
नहीं,
जीवन में
जीवन मिलेगा'

इस छोटे से उदाहरण की ध्वनि को पकड़ते हुए, यह निर्विवाद रूप से कहा जा सकता है कि कवि 'अनिवेद' 'कविता में जीवन के संधान' के कवि हैं और बेशक इस संधान का औजार कला ही है।

अनुक्रम

CONTENTS

The Will For Life

Attacks —
Again and yet again,

Restless and fidgety,
Something escapes from my soul

And a vagrant emotion binds me —

Like steamy airs winding up
From the kitchen hearth
Melting me in its warmth.

A throaty chuckle
Rings out afar,
Fanning out all flames within.

Do weapons have colours too —
That can dawn new drapes,
Casting them all over,
On the canvas of grief.

Protecting the greens and reds
With joy do I fight out —
Again,
And yet
Again.

जिजीविषा

बार-बार
करता है कोई वार,

तिलमिलाता छटपटाता
कुछ छूटता जाता है जैसे।

एक उदास आवेग जकड़ता है मुझे —

चूल्हे से उठती भाप-जैसा
सीझता हूँ मैं एक आंच में ।

दूर से आती एक मध्यम सी हंसी
हर जकड़न को
लहकाती जाती है।

क्या हथियारों के भी रंग होते हैं —
जो वेश बदलकर छा जाते हैं
दुःखों के कैनवास पर ?

एक हरे और लाल की सलामती के लिए
सुख से करता हूँ मैं वार
बार बार –

बारम्बार !

Kagaz ka Vish

Attacks
Again —
And yet again
The attacks of venomous chits of paper.

And yet
I do not die.
Straight and crooked
Direct and snide,
Right and left
In and out
Up and down

Attacks —

Again and yet again.
And still I am not killed.
Neither do I die
Nor my conscience.
They wonder—
How come his morality is still alive?

So, if he does not succumb
Before our attacks
Banish him
From his colours and words
Snatch away his peace
Take away
All energy.

Let him suffer

कागज का विष

बार
बार
बारंबार
कागजों के विष का वार।

आड़े-तिरछे
लुके-छिपे
दायें-बायें
ऊपर-नीचे
वार

बारंबार

मारा जाता ही नहीं।
न ही
मरता ईमान उसका
न ही
छीजता जमीर जिसका।

दूर कर दो उसे
रंगों और शब्दों से
छीन लो सारी शांति
हर लो सारी ऊर्जा
ये हैं उनके अंतिम हथियार
बुरी तरह आत्मनिर्वासित होकर
तोड़ ही देगा दम,
एक दिन।

From the curse of
Self-alienation,
And then suffocate to
A natural death.
He will die
He has to die
Either today
Or the day after.

But I survive
Again, and yet again.

Poisons rooted in
Memoes, orders and files,
Poisons of paper-
Are all defeated.

I search
Among the verdant leaves —
For words of peace
I draw out the colours of energy
From the embraces of spring.

Preserving my honesty
With the touch of true love;
To fight against darkness,
I dawn the armour of light.

Neither shall I die —
Nor my conscience.

Attacks from the poisons of paper
Will face defeat —
Again, and yet again.

मरेगा जरूर वह
आज नहीं तो
कल
पर बच जाता मैं
बार
बार
बारंबार

कागजों का विष
हार जाता है।

पत्तियों की हरियाली
में ढूंढ़ लेता हूँ
शब्द, शांति के

बसंत के आगोश
में पा लेता हूँ
रंग, शक्ति के

बचा लेता हूँ सच्चाई को
प्यार के सच्चे स्पर्शों में
सारे अंधेरों को ढक देता हूँ
रोशनी के एक चिराग तले

नहीं मरना मुझे
न मरेगा ईमान मेरा
हारेगा बार-बार
बारंबार
कागजों के विष का वार।

The Soul Lives On

Wagging tongues have opened —
Raw wounds on the body

Gazes poisonous have
Punched out holes —
In the faith.

The rot has spread inside out.

Come out of the daydreams.
Amidst this slumber
Invokes a voice unknown.

The sunrays on the hills —
Are eager to soothe the wounds.

The forest winds sway balming the forehead.

Even the oceans are restless
To wash away the salts from the heart.

Awaken, arise, come out —
Be in love
Again.

आत्मा जिंदा है

लपलपाती जीभों ने
कर डाले हैं —
जिस्म पर अनेक घाव
जहरीली नजरों ने
छेद डाला है —
विश्वासों को।

सड़न फैल चुकी है
भीतर तक।

अर्ध-निद्रा के दिवास्वप्न
से निकलो बाहर
कौन-सी आवाज करती है आह्‌वान

पहाड़ों की धूप —
तत्पर है सेंकने को
सारे जख्म

जंगलों की हवा —
डोलती है, माथा सहलाने को

समुद्र भी कब से बेचैन है —
दिलों से नमक बहाने को
जागो, उठो, निकलो —
एक बार फिर
प्यार तो करो।

An Eternal Love

I —
Am the primitive forest fire
A million years old,

The one who kindled me —
Saw the caves erupting with
The first magic of colours.

The one who felt my heat —
Made the first brick for the first home.

Those who roasted their fleshy edibles —
Tasted the first morsels of consumerist
civilization.

The fire that exhumed itself —
Wrote its first poetry
On the face of ashes.

And while writing
As the fingers touched the earth —
A scream pierced the forest
In wild eternal love.

आदिम प्यार

मैं,

लाखों साल पहले

जंगल में लगी
पहली आग हूँ।

जिसको जलाने वाले ने
देखा, गुफाओं से
फूटता
रंगों का पहला चमत्कार।

तापने वाले ने बनाई
पहली ईंट घर की।

भून कर खाने
वाले ने
चखा स्वाद
भोग की सभ्यता का।
पहली कविता लिखी
राख के शरीर पर
खुद जल रही आग ने।

और कविता लिखते-लिखते
उंगलियों ने
जो छुआ
धरती को

तो चीत्कार उठी वह
जंगल के आदिम प्यार में।

Baba's Home

Now
I am building again my home
Renovating the hundred and fifty years
Old structure,
Caking up the earthen walls in cowdung
Putting up a roof of clean baked tiles.

But
I cannot find
Anywhere
My Baba's hookah.
Where on earth
Could it be?

It was me who had hid it
Out of spite,
When on an afternoon
Catching me red handed
Smoking pieces of biri
He had slapped me.

Neither hookah
Nor roof,

बाबा का घर

बना रहा हूँ
दालान, घर

डेढ़ सौ साल
पुराने को फिर से नया

खड़ी कर रहा हूँ
गोबर में
लिपी
मिट्टी की दीवार !

डाल रहा हूँ
खपरैल, बना रहा हूँ छत

बाबा का हुक्का

न जाने
कहां
गुम हो गया !
छुपाया था, मैने ही उसे कहीं

थपड़ियाया था
उन्होंने
जब
दुपहरिया में
चोरी से

And not even that afternoon, Nor Baba.

After his departure, home also disappeared.

I am raising from dust,

The fallen walls,

The collapsed porches,

Calling out to Baba,

I am

Building my home again.

पीते पकड़ा था
बीड़ी के ठोटे

न वह हुक्का
न ठोटे
न दीवार न बाबा।
न मैं
उनके जाने के बाद
घर भी न जाने
कहाँ चला गया ।

उठा रहा् हूँ ...गिरती दीवार
बना रहा हूँ दालान
पुकारता हूँ बाबा को
और फिर सँवार रहा हूँ घर।

The Magician of Canvas

My fingers tremble with
Wishes of begetting a yellow moon
On the azure blue sky.

A Magician of Night
Emerges on the canvas
from the closed by-lanes
Of paint brushes,

And slowly -
It becomes a singing nightingale;
The sun raising its head in a scarlet lift —
The house ringing with sweet little chirpings.

I know not this magician —
Who escapes my grasp
Casting himself all over
The canvas of life.

कैनवास का जादूगर

गहरे नीले आसमान पर
पीले चांद को पाने की कशिश
उंगलियों को थिरका देती है

कैनवास पर उभरता है
रात का जादूगर —
छिटककर कूचियों की
बंद गलियों से।

धीरे धीरे वह बदल जाता है
एक गाना गाती चिड़िया में ।
लाल उठान लिए सिर उठाता है सूर्य —
नन्हीं चहचहाटों से भर जाता है दालान ।

पता नहीं कौन है वह जादूगर —
मेरी हर पकड़ से हो जाता है बाहर
कैसे छा जाता है जीवन के कैनवास पर ?

My Silent Self

Words are ruled by thoughts
Dogma piling up
One on top of the other.
Where do I anchor
In this constrained space?

Perhaps more is conveyed
When I am silent —

And the eloquence of my words
Barricades me —
So that I dawn the persona of others
and drift away from myself.
Pray, tell me, who has ever known
My silent self?

It is only me sometimes —
who knows my true self.

मौन अस्तित्व

शब्दों पर भावों का प्रतिबंध,
विचारों पर रूढ़ियों का,
अनन्त भाव,
अनन्त विचार,
दायरों में छटपटाता मेरा अन्तर्मन।

जब मौन होता हूँ —
तभी शायद अधिक बोलता हूँ।

जब बोलता हूँ —
सीमा में बँध जाता हूँ।
सबों का हो जाता हूँ,
और अपने से जैसे दूर जाता हूँ ।

मेरे मौन अस्तित्व को कौन जान पाया है ?

यह जो अचीन्हा अनथक मैं हूँ,
कभी कभी मैं ही पहचान पाता हूँ
इसे ... ।

I am the Ocean

I am the Ocean
I have seen the spread of civilization;
Been witness to Man's evolution
Prehistoric to post-colonial.

Traversing the endless terrains,
rough and uneven
At last-I have become the Ocean.

Given life to countless creatures.
Deep and tranquil inside,
playful on the surface,
a bit muddied here and there,
near the shores,
where the world comes
to touch me, to swim in me,

But-no one comes-to submerge in me,
except the setting Sun.
Have you seen
the two of us, becoming one?

मैं समुद्र हूँ

मैं समुद्र हूँ।

सभ्यता का विस्तार
देखा है मैंने —

मानव के विकास का
साक्षी हूँ मैं —

आदिम से उत्तर-औपनिवेशिक तक।

अनगिनत ऊबड़-खाबड़
रास्तों से
गुजर कर
समुद्र बना हूँ मैं।

जीवन दिया है —
असंख्य प्राणियों को

भीतर से शांत-गहरा
ऊपर चंचल,
मटमैला भी कहीं-कहीं
किनारों पर
जहां दुनिया
आती है मुझे छूने
तैरने मुझमें
पर डूबने कोई नहीं आता

That is the way, Life is,

And so is Creation,

as well as Art - Poetry - Music.

I am the Ocean…

The beginning as well as the

End.

सिवाय ढलते सूरज के।

ढलते सूरज और मुझे एक होते देखा है आपने —

देखिए

यही जीवन है —
सृजन यही;
कला यही;
कविता और
संगीत यही;
मैं समुद्र हूँ,
आदि यही,
अन्त भी यही।

The Waves

The sea, sand and earth,
bearing the onslaught of waves,
make me forget that anything exists
beyond the sand, the waves and the sky.

The nearness of the boats, the fishermen
and the clouds,
The touch of sand and sea-water,
make me feel the intimate touch of love,

And I, a descendant of Krishna,
abandon myself to the love of sea-waves,
My Radha.
And the turning away of the clouds,
feels like the reproach of the gopies.

लहरें

लहरों के थपेड़ों को सहता,
बालू-मिट्टी का समुद्री तट —

भुला देता कि
बालू, लहरों और आसमान
के परे भी कुछ है।

नावों, मछुआरों, बादलों के
सान्निध्य में,
बालू और समुद्री पानी का
मिला-जुला स्पर्श
प्यार का स्पर्श करा जाता है

और'

मैं कृष्ण का वंशज,
समुद्री लहरों से,
राधा जैसा प्यार करता !
और'

प्यार की ऊष्मा में,
बादलों का इठलाना
गोपियों के उलाहने
जैसा होता !

Mahakumbh

Still and listless do I lie
On the bed of the flowing river.

Flowing with me
Are the moulting sloughs

In the Mahakumbh of
Trust and hope.

महाकुंभ

निथर रहा हूँ मैं —

नदी की तलहट में ।

बह रही हैं —
सारी केंचुलें

आस्था के महाकुंभ में।

The Homeless

I have never been able to

Write poems as they
Are written by others,

Draw and paint art
As others,

To work and serve
As a service holder does;

And back home
Enacting the roles cut out
For husband, brother, son or father
Was never easy for me.

Craving to create a new world
With my words
Yearning to colour an eternal pain

Wanting to live nameless
At home,

Striving to serve people
At work,

The irony is
I have become
Homeless at home,
A rebel in service,

बेघर इंसान

कविता को कविता
जैसे लिखना —
कला को कला
जैसे गढ़ना —
नौकरी को नौकरी
जैसे करना —
घर में पति, भाई, पुत्र, पिता
जैसा रहना —
कभी नहीं हो पाया मुझसे।

शब्दों से
दुनिया रचना चाहा
रंगों से
पीड़ा को अमर करना चाहा
घर में बेनाम
रहना चाहा
नौकरी से
जन कल्याण करना चाहा।

पर
घर में बेघर
नौकरी में विद्रोही
कवियों में कलाकार

और
कलाकारों में

A poet among painters
And a painter among poets.

Yet it is true
I have become a
better humanbeing.

कवि बन कर
रह गया।

पर सच है
मैं बेहतर इंसान बन पाया ।

Sugiya's Fatal Attraction

Her mother wailed aloud,
Fists bitting on her
Soft bosom.

The pain of her sorrow
Rendered itself
Into the heart of ages century-old.

One month
Before her fourteenth birthday
While she looked below
From the terrace on the third storey,
Seeing a bed of flowers
Drawing her near,
Luring her with their touch,
She flew down or fell
I know not,
Onto the flower-bed,
Returning to the dust from where she came.

Her mother's cries
Tore apart our hearts.
The neighbourhood Lady -
Consoled Sugiya's mother
With words of wisdom-
Tales on

सुगिया का सम्मोहन

मां बुक्का फाड़-फाड़
रो रही थी

रुदन की वेदना
सदियों के कलेजों में
दर्ज हो रही थी

कैसे मिली सुगिया?

सुगिया 14 साल से
एक महीने पहले ही
तीसरी मंजिल की छत से
नीचे फूलों को देखते-देखते
छू लेने के सम्मोहन में
एकाएक उड़ी या गिरी
और मिट्टी में मिल गई!

मां का रुदन महीने भर
से लगातार सबके कलेजे को,
चीर रहा था

पड़ोस की माई
सुगिया की मां को
जीवन और जगत
ईश्वर और नश्वर
किस्मत और बदनसीबी

Life and the living world,
God and us mortals,
Luck and misfortunes
But failed to stop her tears.

Nobody could explain
Why Sugiya left us-
Neither her parents, nor siblings,
Least of all, her mother.
All were stunned.

Her school copies
Revealed
Pictures of flowers and flower pots,
A young girl plaiting her hair,
Songs and couplets
That she had penned down.

Even while visiting her uncle
In Kanpur,
She used to wake up from her sleep
Fearing that her flowers had dried
Back home in Tatanagar.

A couple of days
Before her death
She had also stopped asking for
Her golden chain.

That day

के दुनिया जहान के
किस्से सुना-सुनाकर भी
उसका
रुदन नहीं रोक पा रही थी।

सुगिया क्यों चल बसी
न बाबूजी, न भाई-बहनों
न खुद मां को समझ आ रहा था !

सब अवाक् थे

वह स्कूल की कापियों को
फूल और गमले
चोटी बाँधती युवा होती लड़की
के चित्रों
गाने, दोहों से
भर देती थी।

मौसा के घर कानपुर में
भी टाटा के अपने फूलों
के सूखने की चिन्ता में
जाग-जाग उठती थी, भरी नींद से।

चल बसने से
दो चार दिन पहले ही
उसने सोने की सिकड़ी की
ख्वाहिश भी छोड़ दी थी।

अपना पसंदीदा फ्रॉक पहना उस दिन,
नेल पालिश की, खुद और

She wore her favourite frock,
Put nail polish
And taking her younger sister along,
Went up to the terrace.

And the magic touch of flowers
Drew her so,
That she gave herself away to them.

Leaving us all dumbfounded
Sugiya left for the unknown.

छोटी बहन को ले,
ऊपर छत पर गई

और
छू लेने के सम्मोहन में
अपने फूलों पर न्यौछावर
हो गई!

सबको हक्का-बक्का छोड़
न जाने कहाँ चली
गई सुगिया।

The Clock

One day,
I had this intense desire
Of going to my native village in Oghni,
From Old College of Kuba.

The crushing heat of May killing,
Getting heavier than one's own weight;
Punctured cycle wheels,
And smarting naked feet.

As I remembered these,
The Girl emerged
As a faded memoir.

The ever punctual girl
Whom we had named
'The Clock'.

Where would she be now?
Like life,
A search for 'the Clock'
Also seems impossible.

I have found her
In fond remembrance of
Her white school uniform,
And my smarting feet in
The scorching May heat.

घड़ी

एक दिन
पुराने कॉलेज कूबा से
अपने गाँव ओघनी के रास्ते
जाने की तीव्र इच्छा हुई।

यादों में उभर आई
मई की मारक धूप
अपने वजन से भी ज्यादा भारी
पंचर साइकिल
तपते नंगे पैर, नदी नाले
घोंघे, ईख के खेत,
रास्ते में पड़ी जवनवा की लाश।

ऐसे में जिंदगी की याद बनकर उभरी,
वह लड़की
जिसे हम घड़ी कहते थे
कहाँ होगी वह ?

सुकुन की तरह
घड़ी को ढूँढ़ना भी
नामुमकिन सा लगता है।

आज इतने वर्षों बाद
स्कूल की सफेद पोशाक और
तपते पांवों की चुटकी भर याद
में खोजता हूँ घड़ी को

God only knows
What odd fates she might have suffered
In the hands of her 'worldly' groom.

Why could I not gift her this poem for
the punctuality-
The pleasure of being present at ten,
Right in time
For our morning prayers?

Between her white uniform
And my smarting sore feet
Why did I need
So many years
To cover the distance between
Kuba and Oghni?

Why could I not present her
This poem
Before cancer extinguished her?

दुनिया नाम के पति ने
घड़ी की न जाने क्या दुर्गति
की होगी ?

क्यों नहीं दे पाया उसे मैं
आज तक
10 बजे की प्रार्थना में ठीक
10 बजे हाजिर होने का
उपहार ?

क्यों लग गये इतने साल
सफेद पोशाक
तपते पांवों
और कूबा से ओघनी
की यात्रा के बीच

क्यों नहीं दे पाया घड़ी को
यह कविता,
कैंसर से उसकी
मृत्यु के पहले ?

The Split Women

I have often seen
All women are split into two-
An external form and an inner self.

The quest for this inner soul
From the outer form of a woman
Makes a man into a lover.

The inner self of the housewife is
Deep and profound like
A lake in the mountains
Drop by drop
She emerges into a full bloom.

Looking after both the hearth and
The outer world,
The working woman hides
Within herself
A spirit that bursts forth,
Calling out, as she brims over-
A woman who needs to be
Caressed away from death.

बँटी हुई औरतें

मैंने देखा है कि —
तमाम औरतें बँटी होती हैं,
बाहर और भीतर की औरत में।

बाहर से भीतर की यह तलाश ही
पुरूष को बना देती है एक उत्सुक प्रेमी।

गृहिणी के भीतर की औरत होती है
एकदम पहाड़ों की झील सी।
बूँद-बूँद रिसती लेकिन अपनी
उद्गम में एकदम खिली।

घर और बाहर को साथ-साथ सँभालती-सँवारती
नूनतेल-लकड़ी से हाजिरी रजिस्टरों
के बीच उलझी
कामकाजी औरत के अंदर छुपी होती है
एक बिफरी, छलकती, गुहार लगाती औरत ...
जिसे बचा लेना चाहिए हर बार मरने से ...

जब भीतर की औरत मर जाती है
तो बाहर की औरत वस्तु बन जाती है

When the inner soul of woman dies
The outer woman becomes commodified
Some of the girls who escape villages and towns
Get drawn into the Metropolis market
Looking for food, clothes and shelter
They reach the corridors of power !

In the scorching summer heat
Who is this rustic woman
Wiping her sweating brow,
Whose shoulders arch under
The lustrous harvests
From the village fields.
Is she not the one whom
The capitalist consumerist world
Has hit really hard?

गाँव, कस्बों से भागी लड़कियों में से
एकाध पहुँच जाती हैं —
महानगर के बाजार,
तलाश होती है रोटी, कपड़ा, मकान
पहुँच जाती हैं सत्ता के मचान...

जेठ की तपती धूप में ;
गालों से पसीने पोंछती ;
कौन है यह गाँव की औरत,
जिसके कंधे तने हैं —
खेत की फसल की चमक से ?
क्या यही
नहीं है वह
पूँजीवादी व्यवस्था ने सबसे ज्यादा,
मारा है जिसके पूरेपन
को ?

The Death of a Century

Mortally afraid of the deadly lustre
Of the malls and markets
In the city,
I fled to the village
That held the cradles of tradition.

I went to the village river,
But found only a canal of
A power plant.

Dumbfounded,
I saw,
The fishermen and boatmen
Had all become workers
In the plant.

I searched and searched in vain.

Then,
The remnant of the river,
Lying beneath the canal asked,
What are you looking for?
We have lost the tradition,

सदी की मृत्यु

महानगर की
मॉल्स और मार्केट की भयावह
चकाचौंध से
डरा मैं ;
भागा गाँव,
परम्परा की गोद में।

गाँव की नदी तक
पहुँचा तो
हक्का-बक्का ?

नदी तो कहीं थी
ही नहीं
पॉवर प्लांट की
नहर थी वहाँ।

सब मछुआरे और नाविक
पॉवर प्लांट के
मजदूर बन गये थे।

फिर भी ढूँढ़ता रहा मैं
तभी,
दूर नाले में तब्दील
नदी ने पूछा --

तुम किसको

Nor could we save the Century.

All that remains is a confused existence.
Society still languishes in
The centuries gone by,
And yet,
Art and literature have
Sure become post-modern.

This depression of post-modernism
Belonging to the Western worlds,
Have draped itself over
One and all -Society, Economy, Truth
History, colonialism, tradition
All have become autonomous, loosing accountability.

Go back to the post-modernists
Here, like me,
You shall dry away a little, each day,
And so saying,
The river breathed her last.

ढूँढ़ रहे हो ?

हमारे पास न परंपरा रही
न बच सकी सदी।

जीवन हमारा
गड्डमड्ड हो गया है
समाज नहीं हुआ है आधुनिक —
कला-साहित्य हो गया है
उत्तर-आधुनिक ।

तुम्हें तो पता है —
पश्चिम का ओढ़ा
उत्तर-आधुनिक विमर्श
हर विषय को,
समाज, अर्थव्यवस्था,
सत्य, उपनिवेशवाद,
इतिहास, परम्परा से
काटकर
'स्वायत्त तथ्य' बना देता है
वादों और विवादों से परे।

तुम लौट जाओ,
उन्हीं उत्तर-आधुनिकों के बीच —

यहाँ तुम घुँट-घुँट कर
सूख जाओगे
मेरी तरह और' नदी ने आखिर
दम तोड़ दिया।

Kavita ka Gaon

Letters,

finger-traced

In the cold ashes

of the fire,

under the steam,

rising from a cauldron,

of sugarcane juice,

in milky words

written on black slates

emerges

The habitat of poetry.

No, not in half-formed towns.

Sunshine that stops

at windows in the metropolis,

Trucks that batter the road,

Trains that set the bridge a-shiver,

Blackout with smog

the sky of the Muse,

कविता का गांव

कड़ाहे में
पकते, गन्ने के रस
से उठती भाप के पास

चूल्हे से निकली राख पर
उंगली से
बने अक्षर या
काली पटरी पर
दूधिया
शब्दों से बनता
कविता का गांव।

अधूरे शहर की
अधूरी जिन्दगी में कहां से लाये कवि ?

महानगर की खिड़की तक
रुकी धूप
सड़क रौंदती ट्रकें
पुल को थरथरा देती रेलें
कविता के आसमान से चुराकर
चांद सितारों और रोशनी को

suspending the motion
of the Sun, the Moon and the Stars,
Nothing survives in the poetry-town
except violence and voracious appetite.
How should the poet conjure
a whole new habitat of Poetry ?
Celebrate dedication in place of
indulgence
And peace in place of violence !

फैला देती हैं चौतरफा धुँध
कविता के महानगर में तब क्या बचता है
हिंसा या भोग !

कहाँ से लाए कवि
कविता का पूरा गांव ?
कहां से लाये वह
भोग की जगह योग
हिंसा की जगह शांति ?

Kalua

The thick black night stands guard
At the back of the malodorous gutter.
This is where Kalua's 'home' stands.
When late at night Kalua returns
From scrubbing the pots and pans
In rich homes,
To his home
He wonders :
Why is darkness and stench
Absent from the rich homes?
Are millions of Kalua
born only to raise and clean
rich homes?

कलुआ

काली अंधेरी रात का पहरा
बदबूदार नाले का किनारा
यही है कलुआ का "घर"।

देर रात, बड़े घरों
के बर्तन घिस कर जब
लौटता है कलुआ
इस अपने "घर"

तो कुछ सोचता है वह ।

अंधेरा और बदबू
बड़े घरों में क्या इसीलिए नहीं होते
उस जैसे करोड़ों कलुआ
जन्में ही हैं, बड़े घर
खड़ा करने, उन्हें साफ करने के लिए ।

The Truth

I stumbled across Truth –
banished from life at present
when I went one day
to my old school in the village.
I found it in Maulvi Saheb's stick,
lying on the matting and planks
And in the gurgling of Baba's hookah.
Truth asked me ?
How you have changed !
do you remember the pride Maulvi Saheb
and Baba
had in you !
How sure your Baba was
that 'Satyameva Jayate'
would be your only God.
But you left the village in '77,
and the gulf

सत्यमेव जयते्

सच्चाई --
जो जीवन के वर्तमान से
निर्वासित कर दी गई है।

एक दिन
जब मैं गांव अपने
स्कूल गया था
वहां मिल गई।

टाट और पट्टी पर
मौलवी साहब की छड़ी में
और चबूतरे पर
बाबा की घुघुनी एवं शर्बत में
मिल गई ।

उसने पूछा
तुम कितने बदल गए हो
याद है मौलवी साहब
तुम पर कितना फख्र करते थे ?

तुम्हारे बाबा को कितना यकीन था
तुम पर
कि तुम सत्यमेव जयते् को ही
ईश्वर मानोगे।

सन् 77 में तुमने गांव क्या
छोड़ा कि
मुझसे हर पल दूर होते चले गये।

between me and you grew apace.
Now you think of me only
in dreams,
or in that little bit of the human
still in you,
or when your eyes moisten,
cherishing memories of your sister,
Or in the memory of the tables,
learnt by rote from Baba.
Where have you strayed
and lost yourself?
I know you are restless,
separated from me;
You bear this curse
of living an alienated life.
Remember,
Truth is as far from Falsehood
As peace is from War
And Life from Death.
Truth is the essence of life,

तुम्हे मेरी कभी याद आती भी है
तो सपनों में
या मेरी वजह से जो
थोड़ा बहुत तुममें इन्सान बचा है
उसमें ।

या जब बहन को याद कर
तुम्हारी आँखें डबडबा जाती हैं
या फिर जब बाबा का
पहाड़ा याद आता है ?

कहां गुम हो गये हो तुम
अपने से इतने दूर चले गये हो।
मुझे मालूम है
मेरे बगैर तुम बेचैन हो
मगर आत्म-निर्वासित जीवन जीने
के लिए अभिशप्त हो ।

तुम्हें मालूम है
सच झूठ का अंतर
युद्ध और शांति से
भी गहरा है ।

जीवन-मरण से
भी बारीक है।

सच्चाई
अपने आप में
जीवन का मूल है।

झूठ;
मृत्यु का पर्याय है
जीना छोड़

And Falsehood another name for death,

You prefer death to life,

It seems.

Lies, War and Death your other names !

Go back to life before '77, occasionally,

And you will find life

Not in poetry, painting or music

But in life itself,

And truth will return from exile.

Come back, do.

मृत्यु तुम्हें भाने लगी है।
झूठ
युद्ध
मृत्यु तुम्हारे
पर्याय हो गये हैं।

कभी
सन् 77 से
पहले आ जाया करो ।

कविता ;
चित्रकला ;
संगीत में नहीं,
जीवन में जीवन मिलेगा।
सच्चाई से ;
निर्वासन भगेगा
तुम वापस आ जाओ !

The Speed

Fast moving fans
Speed of aeroplanes
Crushing of red line buses
Why do we find them
In the metropolis alone?

The buses in small town
Do not fly thus,
Neither are there aeroplanes
Nor electricity.

In the village
Fastest moves the plough
Farmers running ahead
Women singing out
Children chasing each other
Sugarcanes are crushed
And
Gently sways the nose ring,
Anchal and the love of a mother.

I wonder
Whether the plough and the air-plane
Can move hand in hand
In the New India.

रफ्तार

तेज भागता पंखा —
हवाई जहाज की रफ्तार ;
रेड लाइन बसों का रौंदना ;
यह सब महानगर में ही क्यूं होता है ?

छोटे कस्बों की बसें,
इतनी तेज नहीं भागतीं
ज़हाज होते नहीं
न ही होती है बिजली ।

गाँव में
तो सबसे तेज
चलता है हल,
दौड़ता है कृषक ।

गीत गाती हैं स्त्रियाँ,
भागते हैं बच्चे, पिरता है गन्ना,
हिलोरे लेते हैं नथ, आंचल और
माँ की ममता !

क्या नये भारत में
हल और हवाई जहाज
साथ-साथ चल पाएंगे ?

The Dilemma

The snag of passing through two extremes-

like beggars huddled in the cold,

under a blanket of winter clouds,

to soak them and turn them into stone.

And I have wrapped myself around

the blanket of indecision,

to turn it this way or that, as I please.

From where will the Sun of resolution arise,

why did it turn away in the first place ?

or is it that winter is really over,

and spring already here ?

can I cast my blanket away!

द्विविधा

द्विविधा में,
दो अतिरेकों के बीच
गुजरते लगा

जैसे ठिठुरते भिखारियों के ऊपर
जाड़े के बादल हों
जो उन्हे भिगोकर
काठ बना देंगे।

और मैंने
एक चादर ओढ़ रखी है अनिर्णय की

इसे जैसे चाहूँ लपेट लूँ
शायद इसीलिए !

निर्णय का सूरज
रूठ कर छुप गया है कुहरे में

कहीं ऐसा तो नहीं,
ठंड का मौसम ही
गुजर चुका हो, और
वसंत आ गया हो ?

क्या मैं चादर
फेंक सकता हूं ?

The Rejuvenation

The mountains —
rugged, rough, luscious green and towering
The sea —
blue, brown, green
The people —
dark, fair and brown,
the clouds —
black, tawny and white,
The sky—
clear, blurred and blue,
And life —
swaying, deepening and moving,
Everything together, forever in a flux,
Every shade of life
radiating beauty,
preening itself
and bursting into laughter !
This island of St. Lucia
so full of romance and excitement,
giving without the asking.
What expanse —

पुनर्जीवन

पहाड़ —
ऊबड़-खाबड़
हरे-भरे
ऊँचे।

समुन्दर —
नीला, भूरा, हरा ।

लोग —
काले, गोरे, भूरे ।

बादल —
काले, भूरे, सफेद ।

आसमान —
साफ, धुँधला, नीला —

जीवन —
लहराता, गहराता।

सब कुछ साथ-साथ
हर पल घुलता-मिलता
पल भर में जीवन का
हर रंग रूप देता
इठलाता-खिलखिलाता,
रोमांच से भरपूर

smoothening out and soothing

centuries of twisted prejudices,

complexes, sorrows and failures,

Rejuvenates in a flash,

hugs its guests and bids them au revoir

A fresh inspiration to refresh life.

सेंट लूसिया का यह द्वीप

बिना मांगे कितना विस्तार
दे जाता है —
सदियों से जकड़े पूर्वाग्रहों
कुंठाओं, दुखों, असफलताओं
को सहलाकर ।

पल भर में नया जीवन दे
अपने अतिथियों से गले मिलकर
विदा करता है —
नया जीवन, जीने की
प्रेरणा देकर।

The Heir

The land of Thanta Lehrova –
The working women shielding their beauty
under umbrella
farmers rejoicing
the rich
harvest of
crops.
Gurus and disciples in rhythms –
of Manipuri dance and song.
Embracing India
they say we are
also heirs to
this great civilization.

वारिस

थांटा
लेहरोबा की भूमि ।

काली छतरी से
सौन्दर्य का दीथ बचाती
कामकाजी महिलाएँ।

खेतों में समृद्ध
फसल की तरह उमड़े किसान ।

मणिपुरी नृत्य
संगीत के लय में बद्ध ;
छात्र और
गुरू।

भारत से कहते गले मिल-मिलकर
हम भी इसी समृद्ध सभ्यता
के वारिस हैं।

We are All Benarasis

From the other bank of the river Ganges,
where Deorahava Baba esconced
on a machan for a month every year,
Look at Benaras
and you'll know, why the metropolitans
know us for a Benarasi the moment we speak.
Whether the words are in Hindi or in English,
the easiest identification is our Benarasiness
The beating of drums...
the hugs of Id and Basant Panchami
bringing down the walls between temple and mosque;
Watery burial of idols,
ornamentation and grandeur, Mithais and pans.
Festivals of colour and joy,
the roads of memory getting jammed...
and the full-throated laughter

हम सब बनारसी

गंगा के उस पार —
किनारे जहां देवरहवा बाबा
हर साल महीने भर,
मचान पर डेरा डाले रहते थे।

वहां से,
खड़े हो बनारस को देखते —
लग जाता है
कि मुँह खोलते ही
महानगर के लोग
कैसे पहचान जाते हैं हमें।

शब्द अंग्रेजी के हों या हिंदी के,
पहचान का सहज माध्यम
बन जाता है बनारसी होना।

ईद, वसंत-पंचमी मिलन में
मंदिर-मस्जिद भेद भुला,
ढोल-नगाड़े
मूर्ति-विसर्जन,
साज-सज्जा, मिठाई-पान, अबीर-गुलाल
के साथ सब मना रहे
मेला उत्सव।

यादों की सड़कें जाम हो जाती हैं।
और घंटे भर में पहुंचने को

of the Benarasi,

the mirth of turning up late by hours,

get you high without taking Bhang.

The Vice-Chancellor at the University

praying for deliverance from a strike,

Poetry-readings at the Nagari Pracharini Sabha

Performances at the Shrinagari Natak Mandali,

Endless streams of guests at weddings,

Or mourning on roads and ghats.

This city on the crescent-shaped Ganges,

washes off the filth and stains of the metropolis,

the encrustations of mind and body !

unties the rusted knots of memories

and returns you to the metropolis,

asking just to acknowledge-that we are Benarasis.

कहकर चार घंटे लगाने
वाले बनारसी का ठहाका
बिना भांग के
नशा कर जाता है।

विश्वविद्यालय में उपकुलपति
हड़ताल से उबरने के लिए
हर मिनट
भोले बाबा के हाथ जोड़ता है।

नागरी प्रचारणी सभा में-कविता पाठ,
श्रीनागरी नाटक मंडली में --
नाटक, हो रहा होता है।

सड़कों, घाटों पर,
बारातियों का तांता लगा
चाहे वह शादी का हो
या अंतिम विदाई का।

अर्द्धचन्द्राकार गंगा नदी
पर बसा यह बनारस,
धो डालता है
महानगरों की सारी मैल।

मन की, तन की,
जकड़ी यादों को,
खोलकर लौटा देता है,
महानगर में वापस,
बदले में यह कहलाते हुए,
कि हम सब बनारसी हैं।

The Nights

Had there been no nights,
After the entire day's
Stench, fistfights
And a busy hectic life

Who would have
Cleaned and purged our souls,

Caressing us,
Carried us to our beds

Laying our heads on slumberous pillows,
Who would have geared us up
For the next day's struggles?

रातें

अगर
रातें
ना होतीं तो —
दिन भर की
थकान, गंदगी
मारामारी —
हाय-तौबा

को कौन
धोता-पोंछता
नहलाता-धुलाता
सराहता-सहलाता

कौन
बहला-पुचकाकर
सुला देता
गहरी नींद ?

कौन तैयार करता
फिर,
जीवन-संग्राम
में जुतने,
अगले दिन के लिए ?

Karma-Dharma

Engrossed in trying to solve
The puzzles held by life

Swami Paramhansa, sitting
Under this very tree,
Looking across the vast expanse
Of the river in front of him,
Searching for an answer,
Tells his wife-

You are the Mother of all mankind.
You, the Divine Mother,
And I, the Procreator of the world.

Look at Nati Binodini,
How she is bringing to life
Lord Chaitanya, in her play.

कर्म-धर्म

जीवन
और जगत की
गुत्थियों को
सुलझाने —

स्वामी परमहंस
इसी पेड़ के नीचे बैठ
सामने नदी
के आर-पार जीवन और जगत का
समाधान ढूँढ़ते।

अपनी
पत्नी
से कहते —

तू जगत माँ, और'
मैं पूरे जगत का पिता हूँ।

नटी विनोदिनी
को देख
कैसे अपने खेल से
चैतन्य मुनि को
पुनर्जीवित कर रही है।

जीवन से
अंधेरे मिटा

And removing all darkness from lives of people

And that is our

Karma of this life.

There is neither religion,

Nor a monastery greater than

Illuminating the minds.

प्रकाश फैलाने से
महानतम न
कोई धर्म है,
न मठ।

और इस जीवन का
तेरा मेरा यही
कर्म है ।

Buddham Sharanam Gachchhahmi

Faces and forms

Of the good and the bad,

Seen in real life

Or heard of and conjured in

Fond childhood thoughts,

Have all mingled thus

That,

The thief,

The dacoit,

The murderer,

The robber,

The fallen,

The rebel,

The Oppressors,

Each of them having a typical feature-

Such imaginations I grew up with.

But

In real life

बुद्धम् शरणम् गच्छामि

जीवन के यथार्थ में
बचपन से
सुने-सोचे
चेहरे
गड्डमड्ड हो गये हैं।

चोर,
डकैत ;
खूनी ;
तस्कर ;
भ्रष्ट ;
देश-द्रोही ;
शोषकों ;
के —

अजीबोगरीब चेहरों की
कल्पना लिए
बड़ा हुआ।

लेकिन,
यथार्थ के जीवन में
क्रांतिकारी और
शोषक के
चेहरों में
भेद कर पाना ही
असंभव हो गया !
शोषक नहीं,
क्रांतिकारी को

It is impossible to distinguish
A radical person and Oppressors
By their looks.
Not the Oppressors,
But the radical person
Has to face the problem
Of living with his truth,
His honesty and his identity.

The Oppressors can detect the
pollen of truth and honesty
And thus, start the task of
entraping the radical.

This has carried on from
The beginning of life.
That is why,
Even when
Culture and civilization
Just came into existence
A dejected Gautama Buddha
Had to renounce all worldly pleasures
And go in search of Nirvana.

मुश्किल होती है
अपने सच —
अपनी ईमानदारी
अपनी अस्मिता के साथ जीने में !

शोषकों के फेफड़े
आसपास की हवा में
सच, ईमानदारी के पराग
पहचान लेते हैं।

और सब लग जाते हैं
क्रांतिकारी को चक्रव्यूह में
फँसाने में।

शायद शुरू से ही
जीवन का यही क्रम रहा हो ?

अन्यथा
सभ्यता-संस्कृति की देश में
ठीक से शुरूआत भी
नहीं हुई थी

और

यथार्थ के जीवन से त्रस्त
गौतम बुद्ध को
सब कुछ छोड़
निर्वाण की तलाश में
वन-वन भटकना पड़ा ।

The Juggler

The juggler gets upset
If not only someone does not
Honestly appreciate his sport
But also pays him back
On his own account.

Becoming a game of guile,
It then requires that
Masks of different nature be dawned
To hide their own indulgences.

Wounds, sharper than those
Inflicted by feudal lords,
Are wrought,
So that their earldoms are preserved,

When it is found that without or
Even, irrespective of

मदारी

बौरा जाते हैं
मदारी
अगर कोई सच्चाई
से उनके खेल देख ही नहीं
खेल, खेल भी रहा हो।

खेल, उनके
तिकड़मों भरे

ढूँढ लाते है वे
नकाब
तरह-तरह के
छुपाने के लिए
अपने-अपने
भोग-विलास।

अपनी
जागीर को
बनाए रखने के लिए
सामंतों से भी
ज्यादे
तीखे वार करते हैं वे

जब देखते हैं,
कोई उनकी साजिशों
के बगैर

Such conspiring of jugglers

One can

Touch the soul of his kinsmen

Casting a loving spell

With innocent words and flowing colours

Of empathy,

the simpleton becomes everybody's

darling.

या बावजूद भी
संप्रेषित कर पाता है
लोगों तक
अपने रंगों
एवं
शब्दों
की संवेदना को

उन सबों को मात दे देता है
कोई खिलाड़ी
मासूम रंगों और तरल शब्दों
से सबका प्यारा बन
छा जाता है वह अनाड़ी।

A Vicious Cycle

After one has achieved everything
What else is he left with
Save a foreign travel?

His demeanor is worth notice
The way he prepares to engage in vain existence.
Before traveling abroad
Pleadings and petitions;
On return from his tour of a foreign land,
His countenance is sated,

He smiles
He tells tales to his fellow souls
Sporting a proud vile look

And just after a few days
To redeem himself from
The endless tirade of emptiness
And an endless hollow within,
He sets out for manipulations
For arranging another travel abroad.
And thus goes on the vicious cycle
Of becoming empty
Further and yet further.

तिकड़म

सब कुछ पा लेने के बाद
विदेश यात्रा ही बचती है
खोखले अस्तित्व
में जान फूँकने के लिए।

सब कुछ स्वर्गनुमा लगता है
उन्हें
हंसते हैं
चाटुकारों को किस्से
सुनाते
चेहरे का
अहम् भाव
देखने योग्य होता है।

जैसे ही
कुछ दिन गुजरते हैं —

खोखलेपन
को भरने, फिर —
एक विदेश यात्रा
के तिकड़म

में, खाली
और खाली होते
चले जातें हैं वे ।

Entrapment

Pandit Kamalakant Tiwari
Is an expert of words;

In a blink of an eye
He can unfurl reasons
To distort truth to untruth
And vice-versa.

The sinners-
He lets go free,
In exchange of payment
For his jugglery with words.

Being a juggler,
He easily recognises the pawn
That can spoil his game.
He practises well
How to win over the pawn
And later, crush it.

बेगुनाह का फंदा

पंडित कमलाकांत तिवारी
शब्दों के रियाजी हैं।

पलक झपकते ही
सच को झूठ,
झूठ को सच में
बदलने के तर्क
गढ़ लेते हैं।

अपराधियों को
बेगुनाह छोड़ देते हैं
एवज़ में
सिर्फ अपनी शब्द-साधना की
गुरू दक्षिणा लेते हैं?

ज्योतिषाचार्य भी हैं,
पहचान लेते हैं
कौन मुहरा उनके खेल
को बिगाड़ सकता है?

करते हैं अभ्यास
उस मोहरे को
फुसलाने का
बहलाने का
धमकाते बाद में हैं

The pawn, naïve as it is,
Does not sing in tune
With Panditji.

So he uses his unfailing weapon,
Casts a magic spell
On a fossilised document
That becomes a serpentine trap
Around the pawn.

He roars in laughter-
What pride the pawn took
On its honesty and moral,
Did it not know,
Money is the trick that does it all,
Tuning in all and sundry!

And thus,
Dances the trap
As a noose around
The throat of the pawn.

और मुहरा वैसा ही निरा उजड्ढ ?
पंडित जी की लय-ताल में
सुर ही नहीं मिलाता।

तो छोड़ते हैं —
अपना अपराजेय बाण
चलाते हैं
मंत्रों का जादू
किसी एक मरे-दबे
कागज पर।

और बनाते हैं —
फंदा सांप का
मुहरे के चारों तरफ।

अट्टहास हँसते हैं —
बड़ा गर्व था इसे
सच्चाई, ईमानदारी,
न्याय-प्रक्रिया पर।

नहीं जानता
सब नाचते हैं
कागजों पर रखे
वजन तले,
सब एक सुर-ताल
मिलाते हैं।

और नाचता है
फंदा
एक बेगुनाह के गले ।

Far from Life

Far from the life of faith and belief
Fatigued becomes he
With constant fleeing
From one end to the other;
And from thence
To horizon farther away

In an endless escape
The materialist loses
Whatever he loved
Whatever was beautiful

Feelings stripped off hope
Drift apart –
Miles away from life
He builds fortress
Around himself,
Barring entry of one and all.

He uses all,
Consumes everything
And yet becomes empty
Further and further.

The materialist drifts
Away from life —
Far Far Away.

जीवन से दूर

आस्था और
विश्वास के जीवन से दूर
भागते-भागते थक चुके हैं वे।
एक छोर से दूसरे छोर
दूसरे से तीसरे
अंतहीन भागमभाग।

भागमभाग
में जो कुछ भी प्रिय था
सुंदर था,
वह खो चुके हैं उपभोगवादी।

आस्थाहीन जीवन का
अनुभव
इतना, मानो
जिन्दगी से मीलों दूर हो चुके हैं।

झूठ का किला बना डाला है
अपने चारों तरफ
कोई घुसने न पाए
उनके अंदर।

उपयोग करते हैं;
उपभोग करते हैं;
और रीतते चले जाते हैं,

जीवन से दूर —
बहुत दूर...।

The Celebrations of Darkness

He
Is a wizard of files
Gobbling up in paper work
All programmes
Of human development and progress.

By the blink of an eye
Can he build up
Piles of coups and plots
Produce chargesheets without charges;

A magician
Who can breath life into files
Long dead and buried.

He does not let —
One get lost among the verdant leaves
And pen down an unfinished line or two
In the embraces of spring
Or
Fill his soul with a few colourful works

And today's

अंधेरे के जश्न

वे भी कलाकार हैं।
पलक झपकते ही
सच को झूठ
झूठ को सच
साबित कर देते हैं वे।

वे हैं फाईलों के जादूगर
कागजों की खानापूरी में
हजम कर जातें है विकास के सभी कार्यक्रम
रातों-रात खड़े कर देते हैं
साजिशों के पुलिंन्दे
चार्ज के बगैर निकाल लाते हैं चार्जशीट
मरे दबे कागजों में कैसे तो
फूँक डालते हैं जान।

वंचित कर देते हैं वे कि
खो सके कोई
पत्तियों की हरियाली में
बसंत के आगोश में
लिख सके कोई अधूरी पंक्ति
या आत्मा से पूर ले एकाध चित्र

आज का काफ्का गुजरता है
एक अंतहीन ट्रॉयल की
अंधेरी सुरंग से

Kafka
Is hurled into
The dark abyss of
An unending trial.
Shrouded in darkness
Striking, they pounce upon light with vengeance.

They do not let us
Live life full of
words and colours,
to
see through
Their vile corrupting celebrations of darkness.

अँधेरे में
लिप्त वे,
रोशनी पर
करते हैं वार।

नहीं चाहते वे
शब्दों और रंगों के
आगोश में रह
जिंदगी के बेहद करीब आए कोई
और देख सके भ्रष्टाचार, अनाचार
व्यभिचार के उनके
अंधेरे जश्नों को।

The Doors of Liberation

Not only
Are we polluted by dust, smoke and screams.

Greedy eyes,
Sordid acts,
Useless words,
Futile trysts,
Never ending meetings
Also pollute us.

Themselves hollow,
Their lives filled with garbage-
Those sitting over our heads
Pollute us
With a vengeance
To our very core.

Most polluting is the electronic media-
Piercing our eyes
With such pictures
That
Make the gateways
To our faded souls
Disappear.

What remains

मुक्ति का द्वार

प्रदूषण के लिए जरूरी नहीं होते—
धूल, धुएँ,
और चीत्कार!

ललचाई नजरें;
घटिया हरकतें;
फालतू बातें;
बेकार की मुलाकातें
कभी न खत्म होने वाली बैठकें,

खाली-खोपड़े;
मन में भरे कूड़े;
हमारे मत्थे डालने वाले भी,
भयंकर रूप से
प्रदूषित
कर जाते हैं हमें।

कैसे कैसे दृश्य चस्पा
किए जाते हैं हमारी इंद्रियों में
उनको सहते जाने की
अविवेकी जिद,
ऐसे धुँधलाती है कि
ओझल हो जाते हैं आत्मा के द्वार
पीछे छोड़ अंधा खाली शरीर।

Is the blind body

The vicious cycle
Keeps alienating us
And we are left knocking at
The doors of liberation….

अंधेरे तहखानों के पेंचदार चक्कर बेदखल —
करते जाते हैं हमें हमसे।
और हम रह जाते हैं खोजते
मुक्ति का द्वार...।

What a life?

Man, an enigmatic

creature.

Rich or poor

Educated or illiterate

His mind

Chases him

Tires him

Deceives him forever.

Man thinks he can deceive others;

Overlooking

His own weaknesses and shortcomings,

sNot acknowledging them,

Without being honest

To his own self.

Maybe

जीवन क्या जिया ?

इंसान
बड़ा मायावी जीव है,
अमीर हो या
गरीब,
शिक्षित या
अशिक्षित।

मन उसको
भगाता है,
थकाता है,
छलाता है।

इंसान सोचता है
वह —
दूसरों को छल रहा है !

वह,
अपनी
कमियों कमजोरियों
खामियों खराबियों
को नहीं देखता।

नहीं स्वीकारता
ईमानदारी नही बरतता
खुद से।

He writes a million poems and stories

On himself and life at large,

Earning riches and fame;

His name

Shining forth

Up to the skies,

But in his last moments,

Helpless he wonders,

What have I done with my life?

How have I squandered my life?

जीवन के
सत्य को अस्वीकार कर
चाहे लाख
कहानियाँ
कविताएँ
लिख डाले
पद-पैसा पा ले।

ख्याति आसमान में
चमके,
लेकिन
असहाय, जब
पड़ता है
वह
अंतिम समय,

तो
जरूर सोचता है
यह मैंने क्या किया ?
मैंने जीवन क्या
जिया ?

Chakravyuh

In the lustful embrace of metropolitan ambition caught,
we set
the piece of Innocence, peace, ablaze?

Name, Fame, Wealth and Possession
will all be gone.
Along with us will be buried
the poem unfinished,
a painting incomplete,
a thought, a search unconcluded;
a friend intimate,
who, in the storms of life caught,
could never come close.

And the people around you, leechlike,
will go on sucking your blood,
pushing you ahead,
on the ladder of ambition,
in order to prove that
paranoia, blood pressure and heart disease
are the inevitable accompaniments of progress.

They'll laugh at you,
drinking from the cups you offer,
and you will embrace the fate of Abhimanyu,
as if nothing better could happen to you?
They'll allow you no space to be with yourself,
afraid that your truth might awaken you
and bring their palaces tumbling down.

चक्रव्यूह

महानगरीय चक्रव्यूह में
फँस कर हम गंवा देते हैं —
अपनी अंदरूनी मासूमियत, सुकून, शांति।
सोचो, क्या साथ जा़येगा
नाम, शाम, पैसा या रूप ?

साथ तो दफन होगी
अधूरी रह गई कोई कविता
अधूरी रह गई कोई पेंन्टिंग
अधूरी रह गई कोई खोज
कोई सोच --
कोई बहुत अपना, जो
जिन्दगी के झंझावात से
न निकल सकने के कारण
साथ न दे सका कभी।

मानसिक विकार, रक्त-चाप, हृदय-रोग
को प्रगति की अनिवार्यता साबित कर,
वे तुम्हारे ही दिये प्यालों पर
तुम पर ही ठहाके लगाएंगे।
वक्त नहीं देंगे कि कुछ पल तुम
अपने साथ रह सको ।

तुम्हारे जगने से —
उनके महल जो ढह जाएंगे
तुम उनके लिए

You are for them Aladdin's lamp itself,
through which their world of comfort
and ease is built.

Run, Abhimanyu, run,
from this labyrinthine fortification
of your own making
and of those you call your own.
Break the Chakravyuh
of injustice with your
honesty and courage.

अलादीन का चिराग हो,
तुम्हारे ऊपर ही उन्होने अपनी
सुख-सुविधाओं की दुनिया रची है।
उन्हें डर है तुम्हारी सच्चाई
तुम्हें जगा न दे।

निकलो अभिमन्यु, निकलो।
अपने संघर्ष से तोड़ डालो —
दूसरों के रचे चक्रव्यूह को।
कवच धारण कर लो ईमानदारी की,
और ;
सारथि बन
खड़े हो जाओ
अन्याय के प्रतिरोध में।

The Fishermen

A poet tells, 'How long will you wander,
trailing Truth ?'
Another says, 'a poem is the means,
to find one's own soul !'
A third pronounces, 'poetry helps you
escape the tyranny of life.'
Don't you wonder too, that to those to whom
Truth only makes one,
wander aimlessly,
To those who live separated from the soul,
To those who need to run,
unable to face life,
Truth, Soul, Life and Poetry itself,
is only a delusion a mirage ?
Shun them, I say,
they are not poets, but fishermen.

मछुआरे

एक कवि कहता है,
सत्य के पीछे
कितनी दूर और कब तक भटकोगे ?

दूसरा कहता है,
कविता, अपनी आत्मा के साथ
आत्मसात होने का माध्यम है।

तीसरा कहता है,
कविता जीवन की क्रूरताओं से
बचने का साधन है।

क्या, आपको नहीं लगता
जहाँ सत्य,
भटकाने का काम करे,

जहाँ जीवन में,
आत्मा से विलग हो मनुष्य
और जीवन
जी पाने की असमर्थता में
पलायन हो अपने से।

उनका सत्य;
उनका जीवन;
उनकी आत्मा;
उनकी कविता;
सब छलावा है

इनसे बचिए,
ये कवि नहीं,
मछुआरे हैं!

The Ultimate Identity

The poet is identified by his awards

Religion and Castes by Votebanks.

The Labourers by the dharnas,

The farmers by suicides

Their whole life, struggle – existence –

Reduced to this labyrinth –

Why, is our ultimate identity so shameful !

अंतिम परिचय

कवि का परिचय पुरस्कारों से;

धर्म-जाति का वोटों से;

मजदूर का धरनों से;

किसानों का आत्महत्या से;

पूरा जीवन
पूरा संघर्ष
पूरा वजूद
इसी अंतिम परिचय
की भूलभुलैया!

हमारा अंतिम परिचय
इतना शर्मनाक
क्यों है?

The Resistance

Whenever I
desire to lead life
of balance
with faith,
courage and
honesty,
They lie in wait to debilitate,
their weapons in readiness,
to assault and crush me in so many ways
and turn me into one of them –
A Sheep, a Chameleon, a Worm,
just like them.
But why can't I be like them ?
Why do I resist them
Is not resistance
like the steam rising from boiling pot ?
Can there be steam
without Fire, Food and Water ?
And my resistance is like the steam
that asserts
the presence of food,

प्रतिरोध

जब भी जीना चाहता हूँ
एक संतुलित जीवन
आत्मा,
विश्वास, बहादुरी और
ईमानदारी के साथ।

मिलते हैं राह में वे
हमेशा कुचलने को तैयार;
चाहते हैं मैं भी बन जाऊँ भेड़
गिरगिट, केंचुआ उन्हीं की तरह।

अगर उन्हें हो जाए मेरी व्यथा का
तनिक भी अहसास
लील जाएंगे मुझे समूचा
बचेगा कुछ नहीं आस-पास।

मैं क्यों नहीं बन पाता वैसा?
उनका प्रतिरोध
मैं क्यों करता हूँ?

क्या प्रतिरोध,
बर्तन से निकलती भाप, जैसा नहीं
अगर आंच न हो,
भीतर अन्न-जल न हो
तो क्या भाप निकल सकती है?

क्या संवेदनशीलता,

water and fire.
The fire of feeling,
The food and water of my being.
Yes, my resistance,
is like sustenance to the
starved.

ही वह आंच नहीं,
और अस्मिता ही,
भीतर का अन्न-जल नहीं?

आंच भी हो
और बर्तन में अन्न-जल भी,
तो भाप तो निकलेगी ही,
निकलती ही रहेगी
जब तक दोनों हों।

हाँ मेरा प्रतिरोध, पके भोजन का
भूखे पेटों में जाने जैसा है।

The Colony

Once upon a time, I was at ease,

in harmony with my peers,

and then one of them turned clever,

and destroyed our naivete.

We had to accept his bondage for survival.

We did not mind,

but his needs increased,

and he set us a bit free

New strategy,

We were enslaved by many

still they were not content.

They broke all bounds,

invented new strategies

colonized others like me.

But did anything change ?

Then it was our turn to do something,

it was all so easy,

उपनिवेश

कभी मैं निश्िंचत था,
अपने साथियों के साथ पूर्ण सहयोग था।

फिर कोई देश
ज्यादा चालाक निकला और
उसने हमारे सादेपन को
खत्म कर दिया।
हमें जीवित रहने के लिए
उसकी गुलामी स्वीकारनी पड़ी।

उसकी जरूरतें बढ़ती गयीं,
और अपनी नयी युक्ति में,
उसने हमें थोड़ा मुक्त कर दिया।
पर अब हमें
कइयों का स्वामित्व
स्वीकारना पड़ा।

उन्हें इसमें भी संतोष न हुआ
नयी युक्ति के अन्वेषण में
उन्होंने सारी सीमाएं तोड़ दी,

मेरे जैसों का उपनिवेश बनाया
फिर भी बात वहीं की वहीं
अब हमने भी कुछ,
करने का दृढ़ निश्चय किया,
काम इतना आसान था

we could not believe it.

They just surrendered,

May be they had no choice,

how else could it happen ?

But happen it did,

and today, I am free again.

हमें विश्वास ही नहीं हुआ।

वे तो पूर्ण समर्पण कर गये,
हो सकता है
यह उनकी मजबूरी रही हो,
अन्यथा ऐसे कैसे होता।

पर हुआ
और आज मैं फिर स्वतंत्र हूँ।

The Ruins of Memories

Ross island, in Port Blair,
goes on seeking forgiveness
from the Cellular Jail,
how was I to help it
if the whites made me the capital
and you the Kala Pani ?
Nature had framed us, into separate,
but similar isles !
Our old friends, the aborigines
have also withdrawn into the inner isles
What time has wrought !
today you are the capital,
and I a ruin,
in which the sins of the ex-rulers
are imprisoned.
What sin do I pay for?
how long do I stay as island of ruins ?
when shall I be set free ?
Can prisoners of memories
ever be free ?

स्मृतियों के खंडहर

स्मृतियों का खंडहर रास द्वीप,
पोर्टब्लेयर की सेल्युलर जेल से
बार-बार माफी मांगता है।

मैं क्या कर सकता था,
जो गोरों ने मुझे राजधानी बनाया
और तुम्हें काला पानी?

प्रकृति ने तो हमें अलग-अलग
एक जैसे द्वीप बनाये थे।

हमारे आदिम मानव मित्र भी
सिमट चले हैं हमारी तरह गहरे द्वीपों में

वक्त का भी क्या फेर है,
आज तुम राजधानी बन गये हो
और मैं खंडहर?

जहाँ पूर्व शासकों के गुनाह कैद हैं
मेरा क्या गुनाह है?
मैं कब तक खंडहरों
का द्वीप कहलाऊँगा
मैं कब मुक्त होऊँगा?

क्या स्मृतियों के कैदी
भी मुक्त हो सकते हैं?

The Heritage of Freedom

It takes centuries to undo
the colonization of decades !
Colonization snatches away
not only our territory,
but our heritage, culture, art,
our free thoughts and expression.
For Men and Women,
to see – tell – create
with an open Mind
Enjoyment and Renunciation,
This world and the other,
Heaven and Hell,
Life and Death,
Sorrow and Happiness,
Nothing to hide,
No inhibition
The total freedom of expression.
Only at the peak of civilization
it is possible
Only in a civilization and culture
such as this,
is possible
Sarnath, Nalanda
Ajanta, Ellora
Konark, Khajuraho
Hampi, Mahabalipuram and

स्वतंत्रता के धरोहर

सदियों लग जाते हैं
दशकों की गुलामी
से उबरने में!

गुलामी सिर्फ
देश का भूगोल ही नहीं
देश की धरोहर
कला-संस्कृति
सोच-अभिव्यक्ति
सब छीन लेती है।

पुरूष-स्त्री, भोग-योग
स्वर्ग-नरक, जीवन-मरण
दुःख-सुख, साफ-साफ
खुले दिलो-दिमाग से
देखें, कहें, रच सकें।

न कोई चोरी, न कुंठा
अभिव्यक्ति की पूरी-पूरी
स्वतंत्रता।

उत्कर्ष में ही
संभव है यह किसी सभ्यता के ।
सारनाथ, नालंदा
अजंता, एलोरा,
कोणार्क, खजुराहो,
हम्पी, महाबलीपुरम,

the Taj Mahal;
Kabir, Tulsi, Akbar
the Buddha and the Mahavir.
Why did they fade away,
Such people and the Art,
post-Bahadurshah Zafar ?

ताजमहल,
कबीर, तुलसी, अकबर,
अशोक, बुद्ध, महावीर।

क्यों नहीं हुए ऐसे लोग
जन्मी ऐसी कला
बहादुरशाह जफर के बाद?

The Trial of Pinochhe*

Civilizing mission first.

Followed by modernization.

And now in the name of developments

The West is on the mission of

Teaching the third world

Lessons on justice.

The case against one-time ally Pinochhe

In a court of England-

Is not it actually a tirade

Against Che Guevra and Fidel Castro?

Pinocche is just target-practice.

The final wait is for a

Gorbachev in Cuba.

*Erstwhile President of Chile

पिनोचे* का मुकदमा

पहले सभ्य
फिर आधुनिक —

अब विकसित करने के नाम पर,
तीसरी दुनिया को
न्याय का पाठ पढ़ाने
का बीड़ा उठाया है —
पश्चिम ने।

इंग्लैंड की अदालत में
अपने पूर्व सहयोगी
पिनोचे के खिलाफ
मुकदमा,
दरअसल
चेग्वेरा और फिदेल कास्त्रे के खिलाफ मुकदमा है —
पिनोचे तो मुहावरा है।

इंतजार सिर्फ
क्यूबा में —
एक अदद गोर्बाचोव का है!

*चिली के पूर्व राष्ट्रपति

The Third World War

There
is
A unique smell
In the air here;
Somewhat like
The odour that looms over
The offices back home.

The two world wars
The Vietnam war
Cold war
Gulf war
And now,
The Iraq war.

The essence of battle
Seems woven into this
Smell.

Perhaps,
This smell

तीसरा विश्वयुद्ध

कुछ
खास गंध है
यहाँ की हवा में।

कुछ-कुछ
अपने यहां
दफ्तरों में फैली गंध जैसी।

दो विश्वयुद्ध —
वियतनाम युद्ध
शीत युद्ध
खाड़ी युद्ध
और अब
ईराक युद्ध।

इस गंध में
गुंथा हुआ है युद्ध।

शायद,
तीसरी दुनिया को
गुलाम बनाने की सजा है
यह गंध।
या फिर
उपनिवेशवाद
इस गंध की उपज।

Is the punishment for
Enslaving the third world?
Or is it the result of
Colonialism?

Wars become necessary
Not only to preserve their domains
But also for survival.

They and us,
The dark and the fair
The lagging and the leading
All have become
Mere tools for the third world war.

Late in the nights
The fever of this war
Descends on the nightclubs-
Amidst the loud blasts of rock music
And intoxicating smokes spiraling up,
Swims the heavy aroma Stealing my breath.
Drowning the entire world into
This Third World War of globalization

युद्ध जरूरी है
इनके साम्राज्य के लिए ही नहीं
इनकी अस्मिता के लिए भी।

वे और हम
काले और गोरे
पिछड़े और आधुनिक
तीसरे विश्व युद्ध
के हथकंडे हैं।

देर रात
नाइट क्लबों
में उतरता है
इस युद्ध का
बुखार

नशीले धुँए
और
रॉक म्यूजिक के शोर में
तैरती है यह गंध।

न जाने कैसे
जीते हैं,
ये लोग?

दम घुटता है
भोग और युद्ध की
इस नशीली गंध में

Those who have escaped
Are the ones called backwards,
We,
The backwards
Are shielding the world from this war.

(Written in Manchester, England)

डूब रही है पूरी दुनिया,
भूमंडलीकरण के इस तीसरे
विश्व युद्ध में।

जो बच गये हैं
बचा रखा है जीवन
वे तो
बेचारे पिछड़ गए हैं।
हम पिछड़ों ने ही बचा रखी है पूरी दुनिया।

(मैनेचेस्टर, इंग्लैंड में लिखी गई कविता)

The Moon

"East is east and west is west
And never the twain shall meet"

A short day
And a long long night.
The moon and the sun
Seen often together
Or sometimes, both absent.

A slow rain-
Clouds drizzling
Without an open shower-
The sun coming out
With a half-bloomed smile-
But the moon glistens,
And the murky night feels
An intense human presence.
The moon,
Caught between
A west, terrified of both
Communism and terrorism.

Between the east and the west
Like Gandhi
The moon
Emerges
As a complete human presence;

Buddha and Kabir
Redeeming the world

चाँद

छोटा सा दिन
लंबी रात।

चांद और सूरज
साथ-साथ
कभी दोनों नदारद

न खुलकर बरसता है
बादल
न खिलकर
निकलता है सूरज।

खूब चमकता है चाँद, रिसती सी बारिश में
एक सशक्त
मानवीय उपस्थिति
दर्ज होती है
अंधेरी रात में।

साम्यवाद और आतंकवाद
पूरब-पश्चिम
के बीच
महात्मा गांधी की तरह
एक पूर्ण मानवीय उपस्थिति
दर्ज करता है चाँद।

गौतम बुद्ध और कबीर
छा जाते हैं

Caught between inequalities;

Like Karl Marx
The moon cuts into the
Obscurity
Of a materialistic world.

The consumerist
Caught between nightclubs and pubs,
Caught between darkness, an icy chill and
A slow drizzle,
Tries to escape to the beaches of
Havana and Trinidad
In an attempt to
Bathe in the rays of the sun
And socialism
And wash away the eternal sores
of his inner soul.

(Written in Manchester, England)

मानवीय विषमता से
भरे विश्व में।

भोगवादी सभ्यता के अंधेरे को
चीरता
उगता है कार्ल मार्क्स की तरह चाँद

कहीं कोई फिदेल कास्त्रो भी
मानवीयता को देते हैं आँच।

नाइट क्लबों और पबों के बीच
अंधेरे, बर्फीली ठंड और रिसती बारिश
से घिरे उपभोक्तावादी
भागते हैं, हवाना और त्रिनिडाड के
समुद्री तटों पर
सेंकने समाजवाद और सूरज
की ऊष्मा
धोने अंतरात्मा के अनंत घाव।

(मैनेचेस्टर, इंग्लैंड में लिखी गई कविता)

Sir

Title of a modern world,
'Sir' — The nation-state spreading it out to the villages.

For the sake of truth,
Baba never uttered the word-
Not even,
When in 1942,
At Ajamgarh court
The English judge
Fumed and fretted at
My shackled Baba
Churning out abuses like those of
The poet 'Dhumil'.

I dwindle and rock
From my truth
With each utterance of Sir-
And I lose a little bit of me.

Such a cute little word
But ponder upon it,
And how monstrous it becomes!
A living whip of

सर

‘सर’ आधुनिकता का
खिताब है।

राष्ट्र-राज्य व्यवस्था ने
‘सर’ को गाँवों तक की
मजबूरी बना दिया है

बाबा ‘सच’ के लिए
जीवन भर ‘सर’ नहीं बोले
तब भी नहीं
जब सन 42 में
अंग्रेज जज आजमगढ़ की
कचहरी में
बेड़ियों में कैद बाबा की
‘धूमिल’ गालियों पर बलबला रहा था।

मेरा ‘सच’ शायद
लगातार कमजोर होता गया,
हर ‘सर’ ने
मुझे कुछ ‘कम’ किया।

न सोचो कुछ भी
तो कितना मासूम-सा
लगता है --
नन्हा सा शब्द ‘सर’।

British colonialism-

But the irony is

The English today

Call each other by name.

In India

Either

One is addressed a Sir

Or addresses someone so.

Two classes

Sans a class struggle.

'Sir'

Is the distance

Between Delhi and the village,

Between the malls and farmfields.

सोचो तो,
पहाड़-सा

अंग्रेजी उपनिवेशवाद का
जीता जागता 'चाबुक'।

विडंबना है कि
आज
अंग्रेज
सब एक दूसरे को
नाम से
पुकारते हैं,

भारत में
हर कोई या तो 'सर' है
या सर कहने वाला।

दो वर्ग —
लेकिन कोई वर्ग-संघर्ष नहीं

दिल्ली और गाँव—
मॉल और
खलिहान का,
फर्क है यह 'सर'।

New Year in Goa

Here,
Clean and clear space-
Air and water, white-brown clouds,
Azure sky,
Lush green trees in blossom,
The sea and the river
'Sussegad' culture.
Engrosed in one's own self
In nature's very own cradle,
the eternal peace.

There,
Cut-throat competitions,
A zeal to snatch all away,
Where,
To be in love
is not love,
To have love is
What love stands for.

Like the Sensex,
Life too has become
A gamble

गोवा में नया साल

यहाँ
धुला, धवल स्पेस
हवा, पानी, सफेद-भूरे बादल
नीला आसमान
हरे-भरे-खिले-खुले पेड़

समुद्र, नदी
"सुसेगाद" (सुकूनभरा) संस्कृति
अपने में मस्त लोग
प्रकृति की गोद में
अपार विश्रान्ति।

वहाँ, गला-काट स्पर्धा
सब कुछ हड़पने की होड़

जहाँ,
प्रेम में होना नहीं —
प्रेम पाना,
प्रेम की परिभाषा है।

सेंसेक्स की तरह
जीवन भी
जुआ-सट्टेबाजी
का
खेल बन गया है।

खेल रहे हैं सब
अपने से, दूसरों से
छल रहे हैं
खुद को

Where all are players,
Playing with their ownselves
Deceiving themselves and also others.

And to relieve oneself from this
Pursuit of game and deceit,
They come here-
To Goa.

For a week or so,
Goa is usurped
By the rich, the stars and the who's who of India.

Thank God, December 31
Comes but once in the entire year,
Otherwise they would have
Injected dust-smoke-deceipt
Into veins of Goa leaving no
Place of beauty on earth to live.

(Written in Goa)

दूसरों को —

खेलते-छलते
थकान मिटाने
साल भर की
पहुँचते हैं यहाँ, नया साल मनाने ।

हफ्ते-दो हफ्ते
दिल्ली-मुंम्बई के
सेठों-स्टारों-नेताओं
द्वारा
अपहृत कर लिया
जाता है
गोवा।

शुक्र है खुदा का
31 दिसंबर पूरे वर्ष
में
एक ही दिन आता है ।
वरना
धूल-धुँआ-धोखा-धूर्तता
ये लोग
यहाँ की रगों में भी
उतार डालते ।
और' नहीं बचता
विश्व के लिए
जीने को
कोई भी
सुन्दरतम कोना ।

(गोवा में लिखी गई कविता)

Yoga

In the new India
As globalization of capital
Is resisted by
Localization.

So has yoga
resisted the
consumerist drive.

The only difficulty lies in the fact
That the New India
Yearns to consume first
And then
To cure
The ailments
They Turn to yoga.

Yoga is Satvik,
Consumption is Tamsik
Thus,
The journey
From the Tamsik to Satvik
Has become the new profession
Of yogacharyas, of various shades.

योग

नये भारत में,
पूँजी के भूमंडलीकरण
के बरक्स
चल रहे
समुदाय के
स्थानीकरण के प्रतिरोध की तरह

प्रस्तुत किया है
योग ने,
भोग के
प्रभुत्व का
प्रतिरोध ।
योग सात्विक है,
भोग तामसिक।

विडंबना सिर्फ यह है कि,
नया भारत
भोग पहले,
और फिर भोग
के रोग को
मिटाने योग
के पास जा रहा है।

तामसिक से सात्विक
की यात्रा कराना
भाँति-भाँति के योगाचार्यों
का
बन गया है नया उद्योग ।

The Changing India

In today's globalized India
All has changed

The globalized capital
Tirelessly disembedding
Not only socialism but society at large.

Principles and values
Are now
Only names of political parties.

What has remain unchanged
Is
The pursuit of power.

Struggle, freedom, religion and creed
Are simply metaphors,
tools to be used when needed,
The greed and avarice increasing day by day.

Power is the ultimate truth –
Grabbing it by any means
Has changed the motto of new India.

बदला हुआ भारत

भूमंडलीकृत भारत में सब कुछ बदल गया है।

समाजवाद ही नहीं
समाज को ही
निरस्त करने में जुटी है
भूमंडलीय पूँजी।

विचारधारा
अब सिर्फ नाम है दलों का
नहीं बदला है
तो
सत्ता का सत्य।

यहाँ संघर्ष, क्रान्ति, जाति, धर्म मुहावरे भर हैं।
इस्तेमाल के हथकंडे हैं,
लोलुपता की हद है,
बौद्धिकता के लेबल हैं।

सत्ता ही है केवल अंतिम सत्य
जिसको पाने और दोहने
के लिए
बदल गया है नये भारत का
सत्य!

The Pain of New India

Our generation played
Games of hockey and cricket
In the open fields,
Besides the river.

Offsprings of our generation
Idle their time
Shopping in malls,
Copying reality shows
Churning out silly jokes
On sillier topics,
Practicing behind closed doors
Lessons on
How to become a millionaire.

Cravings for
The indigenous kheer and halwas
Have breathed their last
Under the lustrous temptations of
Chips and chocolates.

The map of New India
Is tied up in shanties-
With
Pepsi-Coke, paan masala and gutka
Hanging from them,
Advertisements on newer car models,
And serials of old Ramayana and new Mahabharata,
On the television channels.

नये भारत की पीड़ा

खेत-खलिहान
नदी किनारे
मैदानों में,
हॉकी-क्रिकेट
खेलने वाली पीढ़ी के
बच्चे अब,

फुरसत के वक्त मॉल्स में
शॉपिगं करते हैं,
तरह-तरह के हँसोड़ों
रीएलिटी शो
की छिछली बातों की कॉपिंग करते हैं ।

रातों रात करोड़पति बनने के
ढेरों नुसखे,
आजमाने लगे हैं बंद कमरों में ।

खीर-हलुओं की क्षुधा,
चिप्स-चाकूलेट्स के चमकीले
लाड़ में दम तोड़ चुकी है ।

नये भारत का मानचित्र,
खोमचों में बंट गया है
लटके हैं उस पर पेप्सी, कोक, पान-मसाला
नई-नई गाड़ियों के विज्ञापन;
पुराने रामायण, नये महाभारत...।

In a void- to be or not to be

Again,
And yet again,
Debates,
Discussions,
Expenses.

I am sick of this
Endless tirade of
An emptiness emerging
At the end.

A faceless void.
I know not what name to give
To such an existence-

Emptiness,
A hollow within or
Perhaps, void?

Bursting forth but once
From a cocoon of
Pretence, falsehood and

होना, न होना शून्य में

बार-बार

बारंबार
पर्चा
चर्चा
और
खर्चा।

थक गया हूँ
मैं
इस भागमभाग से।

शून्य है एक
उभरता हुआ अंत में।

निराकार,
क्या नाम दूँ
उसे —

खालीपन, खोखलापन या कहूँ
अकेलापन।

ढोंग, असत्य और आत्मनिर्वासन
के गर्भ से एक साथ
उपजता वह

ज्वालामुखी बन,

Self-alienation,
Like a volcano,
A monster emerges from within
The dying man.
Was it alike in my village?
Does it not
Draw its nourishment,
Light, water and air
From metropolis successes?

Never seeing before,
Now
That I see it-
A terrifying fiery spectacle
That swallows me within.

It drives me
Away from myself
Into a vicious cycle of
Parties, Seminars, channels,
Newspapers and offices,

Tempting me,
Titillating

दानव में परिवर्तित
मानव की मृत्यु बन।

था क्या वह
गांव में
शहर,
सफलता और बाजार
से ही नहीं लेता वह
खाद, रोशनी और जलवायु क्या ?

पहले कभी दिखा ही नहीं
भयावह, विकराल, दावानल
बन
दीख रहा है आज वह
लील रहा है
भीतर को।

भगाता जाता है
अपने आप से
पार्टियों, गोष्ठियों, चैनलों,
अखबारों और दफ्तरों के
घनचक्कर में !

छलाता है
नचाता है
मिस यूनिवर्स की तरह।

खिंचता चला जाता है
शराब, सिगरेट, औरतों के
पीछे।

Like Miss Universe,

Dragging towards
Wine, women and cigarettes.

And thus the black hole rises and spreads over,
From my soul
To the universe.

At home, in office,
On the crossroads
Screaming,
It declares-
It exists.

It craves to be seen,
To be kissed,
To take birth
From my own womb.

Existing in such consumerist capitalistic times
Is like existing in the void

The void and the existence,
Thus all become synonymous.

फैलता चला जाता है
ब्लैकहोल

आत्म से
ब्रहमांड तक

चीखें मारता है
घरों, दफ्तरों
चौराहों पर

देखो —
मैं हूँ।

दहाड़ें मारता है
निहारे जाने के लिए
चूमे जाने के लिए

जन्म लेना चाहता है
वह
मेरे ही
गर्भ से!

शून्य का होना ही
मेरा होना है,
उसका न होना ही
मेरा न होना है।

घोर भोगवादी, पूंजीवादी युग में —
होना ही
शून्य में होना है!

The last revolutionary

Far from the fire and earth
In a journey to the skies

The iron of the plough
Has changed into
A park bench.

Thirty years back
The red sign of revolution
That burned and glowed
In a fit of fury,
Has dripped away its colour.

In these thirty years of riding on
The saddles of power,

Far from the earth and fire,
Among the green grass
And tourists
It has been reduced to a bench.

Swinging between
The farmers and capitalists
In Nandigram
The Last Revolutionary
Of our country
Is now reduced to
Serving the system.

अंतिम क्रान्तिकारी

आग और जमीन
से दूर
आसमान की यात्रा में,
हल का लोहा
पार्क की बेंच
बन गया है।

तीस साल पहले
जलता था
भभकता था
लाल सुर्ख
क्रान्ति की ज्वाला बन,

तीस वर्षों की
सत्ता की सवारी
में रंग झड़ता चला
गया है हर रोज।

जमीन और आग से
परे
घास और सैलानियों
के बीच
पड़े बेंच की तरह,
नंदीग्राम में
किसानों और पूँजीपतियों
के बीच झूलता,
व्यवस्था की कुर्सी
भर रह गया है
देश का अन्तिम क्रान्तिकारी।

❑❑❑